Die Wahrheit über

Rentner

direkt • zänkisch • treffsicher

Die Wahrheit über Rentner

direkt • zänkisch • treffsicher

EDITION XXL

Einleitung

Wie ticken Rentner wirklich?

Der Begriff „Rentner" bezeichnet eine gesellschaftliche Gruppe, welcher alle früher oder später angehören werden. Hier gibt es kein Entrinnen – außer dem vorzeitigen Ableben. Deshalb macht es auch für Noch-nicht-Rentner Sinn, sich frühzeitig mit Freud und Leid des Rentnerdaseins zu beschäftigen – und die Wahrheit über Rentner zu erfahren!

Dank der modernen Medizin steigt die Lebenserwartung beständig an und damit auch der Anteil der Über-65-Jährigen an der Bevölkerung. Parallel dazu wird allerdings die Rentenhöhe sinken. Schon jetzt haben fast eine Million Rentner einen Mini-Job, um die Rente aufzubessern. Der Rentner der Zukunft wird also nicht mehr so viel Zeit – und Geld –

haben für die Dinge, die man dem „typischen Rentner" zuordnet: ausgedehnte Urlaubsreisen, ergiebige Erkundigungen nach der Nachbarschaft, ausführliche Gespräche mit der Bedienung an der Wursttheke und vieles mehr.

Aber wir wollen nicht vorgreifen: Machen Sie sich selbst ein Bild! Nehmen Sie eine entspannte Haltung ein, lockern Sie die Lachmuskulatur und geben Sie sich einem ganz besonderen Vergnügen hin: der Lektüre dieses Buches! Um Ihnen das Lesen zu erleichtern und unnötige Kosten für eine XXL-Lupe zu vermeiden, haben wir die Schrift entsprechend vergrößert!

Wir wünschen Ihnen viel Spaß!

Je älter man wird,
desto mehr ähnelt
die Geburtstagstorte
einem Fackelzug.

Katharine Hepburn
amerikanische Schauspielerin (1907–2003)

Je älter man wird,
desto leichter
verwechselt man
erhöhten Blutdruck
mit Leidenschaft.

Friedrich Hollaender
deutscher Kabarettist (1896–1976)

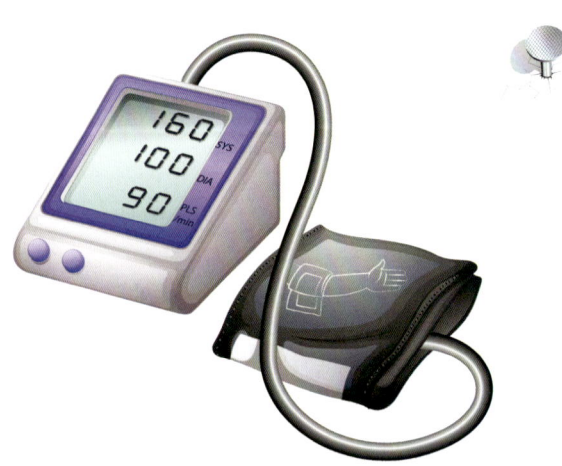

Hohes *Alter*
ist eine zweite
Kindheit –
ohne Lebertran.

Mark Twain
amerikanischer Schriftsteller
(1835–1910)

Die Welt vergöttert
die Jugend,
aber regieren lässt
sie sich von den Alten.

Henry de Montherlant
französischer Schriftsteller (1895–1972)

Demnächst kommt Hartz V:
die Zusammenlegung von
Rente und Sterbegeld.

Matthias Deutschmann
deutscher Kabarettist (*1958)

Der Ruhestand muss
etwas Herrliches sein.
Man kann ja schließlich nicht
ewig den Bauch einziehen.

Burt Reynolds
amerikanischer Schauspieler (1936–2018)

Mobiles Rentner-Putz-Kommando

Nur ein Narr feiert,
dass er älter wird.

George Bernard Shaw
irischer Dramatiker (1856–1950)

Solange man
neugierig ist,
kann einem das Alter
nichts anhaben.

Burt Lancaster
amerikanischer Filmschauspieler (1913–1994)

Weisheit stellt sich nicht immer
mit dem Alter ein. Manchmal kommt
auch das Alter ganz allein.

Jeanne Moreau
französische Schauspielerin (1928–2017)

SMS-Abkürzungen für das Rentner-Handy

BBA Bin beim Arzt.

SBL Sprich bitte lauter.

HHB Habe hohen Blutdruck.

HKZ Habe keine Zeit.

HMV Habe mich verlaufen.

SMH Suche meine Herztabletten.

Ich hatte schon immer den **VERDACHT**, dass das Ausblasen der Kerzen auf der Geburtstagstorte ein getarnter **GESUNDHEITSTEST** für die Versicherungen ist.

Katharine Hepburn
amerikanische Schauspielerin
(1907–2003)

Nicht alle, die gestern
jung waren, sind auch
von gestern.

Gustav Knuth
deutscher Schauspieler (1901–1987)

Was für eine
frustrierende Vorstellung:
Nur Menschen,
die einen Job machen,
gehen in Rente.

Dustin Hoffman
amerikanischer Schauspieler (*1937)

Altersweisheit gibt es nicht.
Wenn man altert,
wird man nicht weise,
nur vorsichtig.

Ernest Hemingway
amerikanischer Erzähler (1899–1961)

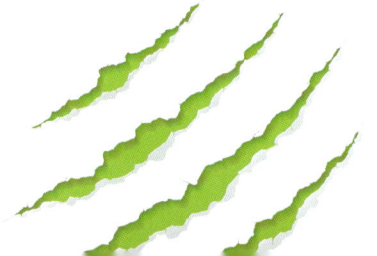

Ich habe kein Problem
mit dem Altern, das Alter
hat ein Problem bei mir.

Manuel Harder
deutscher Schauspieler (*1971)

Falten machen einen
Mann männlicher,
eine Frau älter.

Jeanne Moreau
französische Schauspielerin (1928–2017)

DIE *Evolution*

DES *Lebens* –

WAS AM ENDE WIRKLICH ZÄHLT

Immer ältere Menschen
fahren Auto. Dieses Gefühl,
mit 120 durch die Stadt
über rote Ampeln zu heizen,
kennen ja wirklich viele
Senioren nur liegend
hinten im Krankenwagen.

Harald Schmidt
deutscher Schauspieler (*1957)

Das Alter zieht noch
mehr Runzeln in
unseren Verstand als
in unser Antlitz.

Michel de Montaigne
französischer Philosoph (1533–1592)

FRAUEN

Die **GELIEBTEN** der Männer in der Jugend, die **GEFÄHRTINNEN** auf der Höhe des Lebens, die **PFLEGERINNEN** im Alter.

Francis Bacon
englischer Philosoph (1561–1626)

Auch im Brummen
und Nörgeln muss
ein Genuss liegen ...

Otto von Leixner
österreichisch-deutscher Schriftsteller (1847–1907)

Du merkst, dass du älter wirst,
wenn die Geburtstagskerzen
mehr kosten als der Kuchen.

Bob Hope
amerikanischer Komiker (1903–2003)

Ohne die Küche meiner
Frau wäre ich nicht so
alt geworden.

Winston Churchill
britischer Staatsmann (1874–1965)

Ich bin jetzt in der *Phase* zwischen

GEPFLEGT AUSSEHEN und GEPFLEGT WERDEN.

Der Ruhestand ist eine sorglose Arbeitslosigkeit.

Unbekannt

Die Frau des Rentners
hat plötzlich doppelt so
viel Ehemann und halb
so viel Haushaltsgeld.

Robert Lembke
deutscher Journalist und Fernsehmoderator (1913–1989)

Ich fühle mich so alt,
wie mein Doktor gut ist.

Joachim Fuchsberger
deutscher Schauspieler (1927–2014)

Ich fühle mich wie
ein Zwanzigjähriger –
nur mit mehr Erfahrung.

Giovanni Trapattoni
italienischer Fußballtrainer (*1939)

Wie herrlich ist es,
nichts zu tun
und dann vom
Nichtstun auszuruh'n.

Heinrich Zille
deutscher Maler (1858–1929)

Bitte nicht stören!

Ich bin *Rentner*

Auch mit sechzig kann
man noch vierzig sein –
aber nur noch eine halbe
Stunde am Tag.

Anthony Quinn
amerikanischer Filmschauspieler (1915–2001)

Das Alter, das man
haben möchte,
verdirbt das Alter,
das man hat.

Paul Heyse
deutscher Dramatiker (1830–1914)

Humorlose wirken älter.
Der Humor hält
vielleicht nicht jung,
aber wach.

Loriot
deutscher Humorist (1923–2011)

Laut einer Studie
sterben immer mehr
Rentner vor dem Computer.
Sie drücken versehentlich
die Tastenkombination
Alt+Entfernen.

Henry Gründler
deutscher Fernsehmoderator (*1959)

Keine Grenze verlockt
mehr zum Schmuggeln
als die Altersgrenze.

Robert Musil
österreichischer Schriftsteller (1880–1942)

Der Vorteil des
schlechten Gedächtnisses ist,
dass man dieselben
guten Dinge mehrere Male
zum ersten Mal genießt.

Friedrich Wilhelm Nietzsche
deutscher Philosoph (1844–1900)

Beim Film ist es
wie im Leben:
Man beginnt als
jugendlicher Liebhaber,
dann wird man
Charakterdarsteller
und endet als
komischer Alter.

Jean Gabin
französischer Schauspieler (1904–1976)

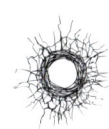

Ruhestand?
Ich würde selbst
im Rollstuhl
Musik machen!

Keith Richards
britischer Gitarrist (*1943)

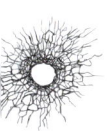

Die Probleme eines Rentners ...

Zu große
Erdanziehungskraft

... und einer Rentnerin

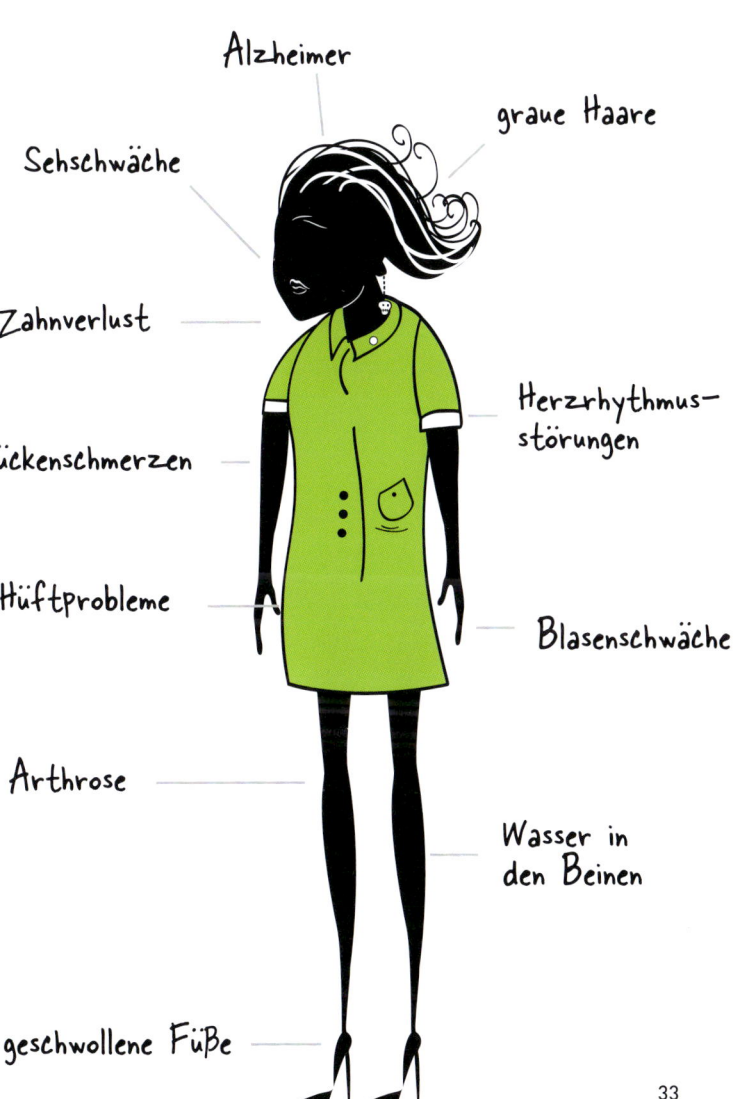

Alzheimer

graue Haare

Sehschwäche

Zahnverlust

Herzrhythmus-störungen

Rückenschmerzen

Hüftprobleme

Blasenschwäche

Arthrose

Wasser in den Beinen

geschwollene Füße

Lieber gut
geschminkt,
als vom Leben
gezeichnet!

Unbekannt

Ich habe keine Angst vor
dem Alter. Ich erschrecke
nur manchmal, wenn ich
plötzlich mein Gesicht in
einem Schaufenster sehe.

Meryl Streep
amerikanische Schauspielerin (*1949)

Runzeln sind die
Schützengräben der Haut.

Kurt Tucholsky
deutscher Schriftsteller (1890–1935)

Früher war mehr Lametta.

Loriot
deutscher Humorist (1923–2011)

Wenn man genug
Erfahrungen
gesammelt hat,
ist man zu alt,
sie auszunutzen.

William Somerset Maugham
englischer Dramatiker (1874–1965)

Jeder Greis ist eine
lebende Bibliothek.

afrikanisches Sprichwort

Rentner-Charts:
Top 10

1. **Stairway to heaven – Led Zeppelin**

2. **Highway to hell – AC/DC**

3. **Knockin' on heaven's door – Bob Dylan**

4. **Yesterday – Beatles**

5. **Old man – Neil Young**

6. **Forever young – Alphaville**

7. **Mit 66 Jahren – Udo Jürgens**

8. **When I'm 64 – Beatles**

9. **Rehab – Amy Winehouse**

10. **Über den Wolken – Reinhard Mey**

Gerne der Zeiten gedenk' ich,
da alle Glieder gelenkig –
bis auf eins.
Doch die Zeiten sind vorüber,
steif geworden alle Glieder –
bis auf eins.

Johann Wolfgang von Goethe
deutscher Dichter (1749–1832)

Sei vorsichtig beim Lesen
von Gesundheitsbüchern,
der kleinste Druckfehler
kann dein Tod sein.

Mark Twain
amerikanischer Schriftsteller (1835–1910)

R gut –
alles gut!

Meine Lebensformel ist
recht einfach. Ich stehe
morgens auf und gehe
abends zu Bett. Dazwischen
beschäftige ich mich,
so gut ich kann.

Cary Grant
britisch-amerikanischer Schauspieler (1904–1986)

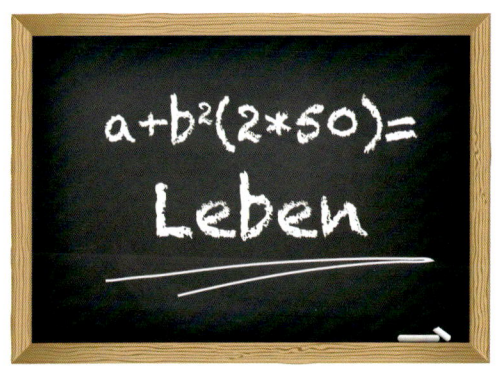

Eines der besten Mittel
gegen das Altwerden ist
das Dösen am Steuer
eines fahrenden Autos.

Juan Manuel Fangio
argentinischer Automobilrennfahrer (1911–1995)

Man kann im Alter
entweder weise
werden oder verblöden.
Die häufigste Form
der Altersblödheit
besteht darin,
dass man sich für
weise hält.

Friedrich Torberg
österreichischer Schriftsteller (1908–1979)

Ich bin stolz auf die Falten.
Sie sind das Leben
in meinem Gesicht.

Brigitte Bardot
französische Filmschauspielerin (*1934)

Es gehört zu den vielen
Merkwürdigkeiten
des Lebens,
dass der Mensch
immer bissiger wird,
je **weniger Zähne** er hat.

Stefan Heym
deutscher Schriftsteller (1913–2001)

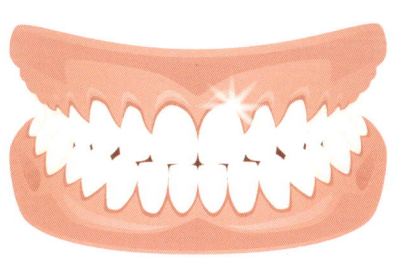

Das Leben ist wie ein *Theaterstück*. Zuerst spielt man die *Hauptrolle*, dann eine *Nebenrolle*, dann *souffliert* man den anderen, und schließlich sieht man zu, wie der *Vorhang* fällt.

Winston Churchill
britischer Staatsmann (1874–1965)

Zeige mir dein Gebiss ...

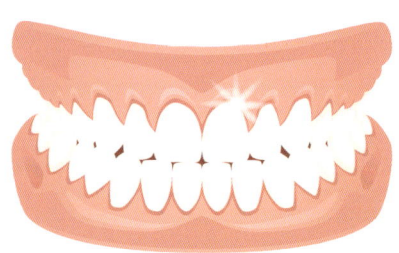

Du hast wohl nichts
anderes zu tun, als
Zähne zu putzen?!

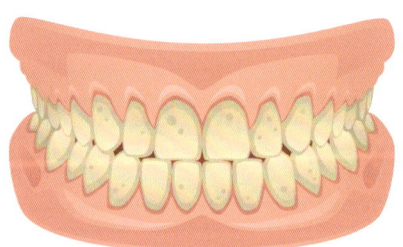

Kaffee, Zigaretten ...
hast du schon dein
Testament gemacht?

... und ich sage dir, wer du bist!

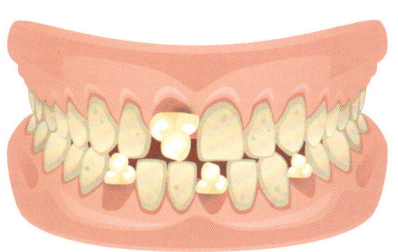

Da hilft auch keine
Zahnbürste mehr –
also besser Klappe zu!

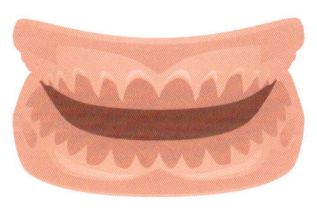

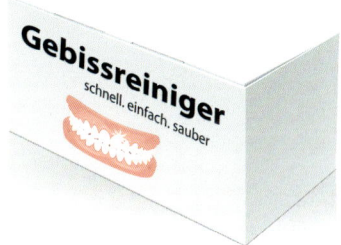

Gebissreiniger
schnell. einfach. sauber

Das war's dann wohl!

Alter ist irrelevant,

es sei denn, du bist eine

Flasche Wein.

Joan Collins
britische Schauspielerin (*1933)

Château
Retraite
1980

Viagra –
Ecstasy für Senioren!

Unbekannt

Nichts ist so sehr für
die gute alte Zeit
verantwortlich wie das
schlechte Gedächtnis.

Anatole France
französischer Schriftsteller (1844–1924)

Ein alter Mann:
ein Kind mit Vergangenheit.

Zarko Petan
jugoslawischer Schriftsteller (1929–2014)

Alter schützt
vor Liebe nicht,
aber *Liebe*
vor dem Altern.

Coco Chanel
französische
Modedesignerin
(1883–1971)

Altern ist ein
hochinteressanter Vorgang:
Man denkt und denkt
und denkt – plötzlich kann
man sich an nichts
mehr erinnern.

Ephraim Kishon
israelischer Satiriker (1924–2005)

Das Alter hat zwei
große Vorteile:
Die Zähne tun nicht
mehr weh und man hört
nicht mehr all das
dumme Zeug, das
ringsum gesagt wird.

George Bernard Shaw
irischer Dramatiker (1856–1950)

Die Wartezeit, die man
bei Ärzten verbringt,
würde in den meisten
Fällen ausreichen,
um selbst Medizin
zu studieren.

Dieter Hallervorden
deutscher Komiker (*1935)

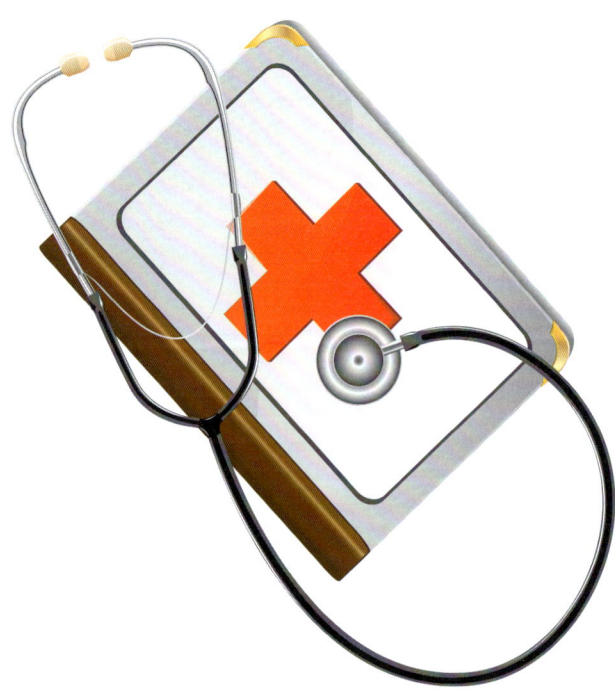

Wie kannst du deine Enkel
um den Verstand bringen?

Erzähle ihnen einfach,
dass du älter bist
als das Internet.

Unbekannt

> Starrsinn –
> Alternative zum Unsinn.
>
>
> André Brie
> **deutscher Politiker (*1950)**

Das Gute an der Senilität ist,
dass sie einen selbst hindert,
sie zu bemerken.

Alfred Polgar
österreichischer Schriftsteller (1873–1955)

Welche Freude, wenn es heißt:
Alter, du bist weiß an Haaren,
blühend aber ist dein Geist.

Gotthold Ephraim Lessing
deutscher Dichter (1729–1781)

MANCHMAL IST ES BESSER,
ZUM ALTEN EISEN
ZU GEHÖREN ALS ZUM
NEUEN BLECH.

Egon Eiermann
deutscher Architekt (1904–1970)

Älterwerden ist gar nicht
so schlecht, wenn man
die Alternative bedenkt.

Maurice Chevalier
französischer Schauspieler (1888–1972)

Alt macht nicht
das Grau der Haare,
alt macht nicht
die Zahl der Jahre,
alt ist,
wer den Humor verliert
und sich für nichts
mehr interessiert.

Gotthold Ephraim Lessing
deutscher Dichter (1729–1781)

Ein Mann ist alt,
wenn er seine
Komplimente nicht
mehr in die Tat
umsetzen kann.

Charles Boyer
französischer Schauspieler (1899–1978)

Kommunikationsdifferenzen

Rentner sagt:

Endlich bin ich in Rente!

Endlich kann ich ausschlafen!

Wie soll ich mit meiner kleinen Rente überleben?!

Rentner meint eigentlich:

Ich habe endlich für das Zeit, was ich bis jetzt noch nicht machen konnte. Mal schauen, was im Fernsehen kommt.

Statt um 5 Uhr morgens stehe ich um 6 Uhr auf, um den Morgenmuffeln auf den Keks zu gehen.

Die Kreuzfahrt mache ich nur, weil sie ein echtes Schnäppchen war!

Rentner sagt:	Rentner meint eigentlich:
Beim Arzt war heute wieder viel los ...	Schön, dass ich heute wieder so viele bekannte Gesichter gesehen habe. Jetzt bin ich über alle Neuigkeiten im Bilde.
Waaas? Mein Hörgerät ist kaputt!	Natürlich habe ich dich verstanden. Ich möchte mich aber im Moment nicht mit dir unterhalten.

Kommunikationsdifferenzen

Rentner sagt:	Rentner meint eigentlich:
Ich kann nicht so gut kauen.	Beim Kochen hast du als Schwiegertochter versagt. Das Zeug schmeckt noch schlimmer als Essen auf Rädern!
Ich habe Kuchen gebacken!	Ich hoffe, du hast viel Hunger mitgebracht, mein Kind. Ich kann dir aber auch gerne noch ein paar Stücke einpacken!
Endlich kann ich das machen, was ich schon immer machen wollte!	Kommt jetzt bloß nicht auf die Idee, dass ich Babysitter spielen soll. Ich lass mir doch den Ruhestand nicht durch Kindergeschrei verderben!

Rentner sagt:	Rentner meint eigentlich:
Ich hab schon so lange nichts von dir gehört!	Ich finde, du könntest dich ruhig öfters melden. Morgen, übermorgen, überübermorgen …
Gerne nehme ich die Kinder, ich habe ja jetzt Zeit!	Um 17 Uhr muss ich aber wieder weg, bis dahin müsst ihr die Kinder abgeholt haben und mich zu meinem Senioren-Stammtisch fahren!

Verkehrssicherheit für Autofahrer ...

Pass auf!
Hier wird richtig Gas
gegeben – denn das
Ziel ist nah ...

Rollator-Parkplatz!
Wer hier mit dem
Auto parkt, muss da-
mit rechnen, sofort
abgeschleppt zu wer-
den. Achtung: Verär-
gerte Rollatorfahrer
könnten Kratzspuren
verursachen.

... und für Rentner

Achtung!
Rentner kreuzen! Das Räumen der Fahrbahn kann mitunter länger dauern ...

Vorsicht!
Brillensuchender Renter! Tastet sich in der Regel in gebückter Haltung voran.

Für Rentner verboten!
Wird aber von den-
selben meist gekonnt
ignoriert …

Achtung!
Rentner haben Vorfahrt!
Hier besteht vor allem
im Feierabendverkehr
extreme Staugefahr.

WELCHER TATTOO-TYP BIST DU?

DER FAMILIENMENSCH

Es geht nichts über ein intaktes Familienleben. Damit auch andere wissen, wie gern du deine Liebsten hast, ist dieses Tattoo ein Muss! Ein Liebesbeweis oder doch eher Kitsch? Eins ist klar: Egal was kommt, du bist für deine Familie da. Denn Blut ist dicker als Wasser!

DER ALTE KNACKER

Dein Lebensmotto lautet: Lass knacken, Baby! Von deiner Arthritis lässt du dich nicht unterkriegen. Die Schädigung deiner Gelenke macht dich nur noch stärker und das laute Knacken ist dein ständiger Begleiter. Und jeder, der über deine steifen Gelenke herzieht, bekommt eins mit deinem Gehstock übergezogen!

DER RENN-FAHRER

Du fährst das heißeste Gerät, denn dein Elektromobil hat extra breite Felgen, Flammen auf der Haube und erreicht bis zu 20 km/h. Bei den illegalen Rennen im Altersheim bist du der Schnellste. Und die Rentnerinnen schmachten dich an: Sie würden gerne mal eine Runde auf deinem heißen Gefährt mitdrehen!

DER PFLEGESTUFEN-KÖNIG

Du bist ein wandelndes Lexikon. Du kennst jede einzelne Krankheitsbezeichnung, jeden Kurort und jedes noch so komplizierte Krankheitsbild. Es macht dir nichts aus, dabei mehrere Stunden über dem Pschyrembel zu brüten. Und Windeln oder Senilität haben sich äußerst hilfreich erwiesen, den Medizinischen Dienst in den Wahnsinn zu treiben.

Du hast dein Ziel erreicht ...

Rente

5 Dinge, an denen du merkst ...

Wenn du dich
bei einer Stadt-
besichtigung zuerst
nach den öffent-
lichen Toiletten
erkundigst.

Wenn du dich
darüber wunderst,
dass die Ärzte und
Polizisten plötzlich
so jung aussehen.

... dass du in die Jahre kommst

Wenn du deine Leidenschaft für das Taubenfüttern entdeckst.

Wenn du feststellst, dass deine Ohren immer größer werden.

Wenn du plötzlich lieber Eierlikör als Whisky trinkst.

5 weitere Dinge, an denen du merkst ...

Wenn du deine Brille an einer Kette um den Hals trägst.

Wenn du nur noch entkoffeinierten Kaffee trinkst.

Wenn du lieber Kreuzworträtsel löst, statt ins Kino zu gehen.

... dass du in die Jahre kommst

Wenn dir Erwachsene in der Straßenbahn einen Sitzplatz anbieten.

Wenn du auf der Autobahn immer öfter mit 80 km/h auf der Überholspur fährst.

Unterschied: Pension

Du warst als Beamter oder im öffentlichen Dienst tätig? Glückwunsch, du gehst in Pension!

- Dank deiner Tätigkeit „beim Staat" werden die Kosten für deine langersehnte Pension übernommen, obwohl du keinen Cent zur Altersvorsorge eingezahlt hast.

- Jetzt hast du auch mal Pech! Die gesamte Alterspension wird zu 100 % versteuert.

- Die Höhe deines Pensionsanspruchs hängt von der letzten Verdiensthöhe ab, also dürfte es wohl gut für dich ausgehen, oder?!

In diesem Sinne, viel Spaß im sorglosen Ruhestand!

Rente

Du warst als Angestellter bzw. Arbeiter tätig? Beileid, du gehst in Rente!

- Durch jahrzentelanges Einzahlen in die Rentenkasse bekommst du hoffentlich eine gute Rente – vorausgesetzt, du hast schon bisher gut verdient.

- Jetzt hast du mal Glück! Denn die Altersrente ist nur zu 60 % steuerpflichtig.

- Wie hoch dein Rentenanspruch ist, richtet sich nach der Beitragszeit und der Beitragshöhe. Also: Wer viel und lange gearbeitet hat, bekommt auch relativ viel – klingt das nicht toll?!

In diesem Sinne, viel Spaß bei der Schnäppchenjagd!

Der ideale Rentner-Sport

Gewichtheben
Wer hat die größten Muskeln? Mit entsprechendem Training kannst du sogar deinen Enkeln imponieren.

Golf
Wer ist der nächste Tiger Woods? Genieße die Bewegung auf dem Rasen, solange du ihn noch von oben siehst ...

Leichtathletik

Auch wenn deine persönliche Bestleis-
tung schlechter ist als die von Armin
Hary – du liegst gut im Rennen!

Fechten

Hier kannst du deinen Kampfgeist trai-
nieren und in die Offensive gehen – was
gibt es Schöneres für einen Rentner?

Ich stelle mir jeden Morgen vor dem Spiegel die Frage: **restaurieren** oder unter **Denkmalschutz** stellen lassen?

Verwöhnt mich gefälligst,
ich zahle eure Rente!

Ich bin jetzt in diesem Alter,
wo ich für eine Einladung
zum Abendessen um 19 Uhr
mit 4 Tassen Kaffee
vorglühen muss.

Drei Regeln über das Älterwerden:

- Lasse keine Toilette aus!
- Nutze jede Erektion!
- Traue keinem Furz!

MAN NEHME MENSCHEN
UM DIE 60 JAHRE UND
LEGE AUF:

- **Deep Purple**
- **Rolling Stones**
- **Led Zeppelin**
- **Beatles**

HEADBANGEN
FÜR GRAUKÖPFE

Herrlich: Wenn mein
pensionierter Nachbar mit
dem Schneeschieber aus
dem Haus geht und nicht
genügend Schnee sieht,
um alle Nachbarn zu wecken.
Der enttäuschte Blick –
unbezahlbar!

Zwischen Bafög und Rente
sollte wenigstens ein kleines
Stück Arbeit liegen.

Ich bin Rentner:
- Habe keine Zeit
- Bin total im Stress
- Termine bitte 8 Wochen
  im Voraus vereinbaren

Wie Rentner ihren Tag verbringen

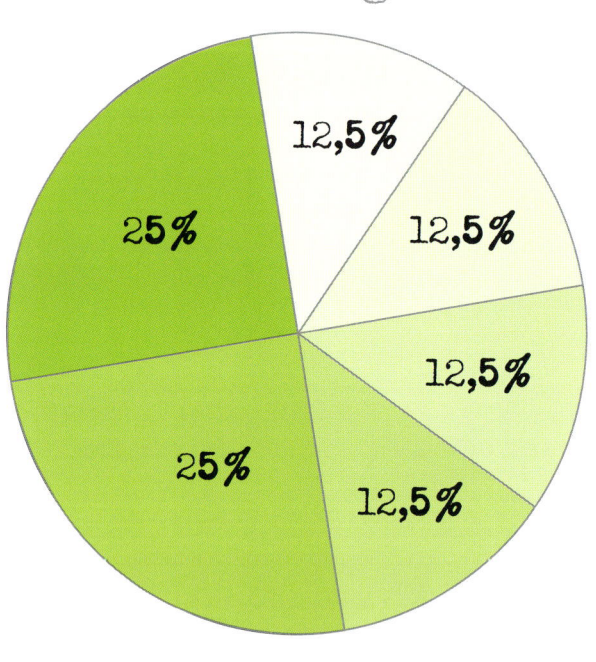

- 🟩 Leute vom Fenster aus beobachten
- 🟩 Zeitung lesen und Kreuzworträtsel lösen
- 🟩 Beschwerdebriefe schreiben
- 🟩 sich über Lärm aufregen
- 🟩 spazieren gehen oder fahren
- ⬜ Mittagsschlaf halten

Kalk in den Adern,
Wasser in den Beinen,
Steine in den Nieren ...
Um ein **Haus** zu bauen,
fehlt mir nur noch
etwas **Sand** im Kopf.

Es ist bewundernswert,
mit welcher Motivation sich
die Rentner bei dem Tempo
auf dem Fahrrad halten können.
Ich wäre schon längst zur
Seite umgekippt.

Sich zu Tode zu schuften,
ist die beste Möglichkeit,
Anspruch auf eine hohe
Rente zu erwerben,
die man dann leider nicht
mehr beziehen kann.

RENTE

Alt und vergesslich zu werden,
hat vier Vorteile:
Erstens lernst du jeden
Tag neue Freunde kennen.
Zweitens musst du dir keine
alten Witze mehr anhören.
Drittens kannst du deine Ostereier
jetzt selber verstecken.
Viertens – das habe ich vergessen.

Hilfe!

Meine Rente steht kiffend
an der Bushaltestelle
und besäuft sich!

Das Problem bei
der Rente ist,
dass man nie einen
Tag frei bekommt.

Als ich noch jünger war,
musste ich meinem Mann
ständig in den Hintern treten,
damit er sich aufrafft.
Jetzt komme ich nicht mal
mehr bis zu den Knien ...

Woran merkt man,
dass man älter wird?
Wenn einen die Enkel
nach der Zeit fragen,
als es noch keinen Strom gab.

Mit **20** wird geheiratet.
Mit **30** sind die Kinder eingeplant,
mit **40** ist der Karriereweg klar
abgesteckt. Mit **50** ersetzt man den
Partner eventuell durch ein jüngeres
Exemplar. Mit **60** denkt man an
die Rente und mit **70** ans Senioren-
heim. Und mit **80** liest man sich
dann fest an einem Artikel über
umweltfreundliche Särge.

Wenn einer in
den Ruhestand tritt
und ihn keine Zeitnot
mehr bedrängt,
schenken ihm seine
Kollegen gewöhnlich
eine Uhr.

Man soll sich vom Alter
nicht runterziehen lassen –
es ist viel zu anstrengend,
wieder aufzustehen.

Der Ruhestand ist das,
worauf man sein ganzes
Leben lang hinarbeitet und
sich erschrocken wundert,
wenn es dann soweit ist.

Rentner bezahlen immer mit **Kleingeld,** dann ist der Geldbeutel nicht mehr so schwer.

Du bist im Ruhestand,
wenn du dich nicht
darüber aufregst,
dass Weihnachten aufs
Wochenende fällt.

Männer sind große Kinder,
die umso anstrengender sind,
je älter sie werden.

Man braucht keine Angst
vor der Rente zu haben –
schließlich kann man nicht
entlassen werden.

Wer sich im Ruhestand
eine Arbeit suchen möchte,
der findet bei seiner Frau
einen neuen Arbeitgeber.

94

Wenn ich **ALT** bin, dann werde ich mir ein neues Hobby suchen: NÖRGELN.

Alt ist man dann,
wenn man nicht mehr
zusammen mit seinen
Zähnen schläft.

Im Ruhestand kann
man endlich das tun,
was man will.
Man muss es nur wollen.

Denkst du, du bist alt?
Keine Sorge, das bist du nicht.
Letztes Jahr warst du alt,
jetzt bist du antik.

Wenn man alt ist,
sollte man für jeden Tag
dankbar sein –
es sei denn, man wird am
FKK-Strand zu einem

aufgefordert!

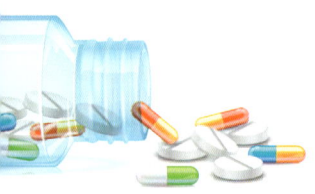

Was macht ein englischer Rentner?

Er steht um 9 Uhr auf, trinkt ein Glas Scotch und geht zum Kricket.

Was macht ein französischer Rentner?

Er steht um 10 Uhr auf, trinkt ein Glas Bordeaux und geht zum Boule.

Und was macht ein deutscher Rentner?

Er steht um 7 Uhr auf, nimmt seine Herztabletten und geht zur Arbeit.

Je älter ich werde,
desto knackiger werde ich.
Hier knackt's, da knackt's ...

Ich würde auch gern
von dem Zeug probieren,
das die Rentner nehmen,
um den anderen schon um
5 Uhr morgens auf den
Keks zu gehen.

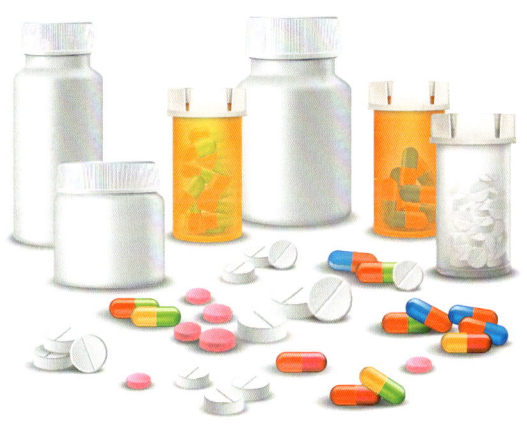

Wenn ich Rentner bin,
werde ich nur nörgeln
und abends meinen
Wocheneinkauf erledigen.

Früher habe ich
um 14 Uhr meinen
Büro-Mittagsschlaf gehalten –
heute stehe ich um
14 Uhr erst auf!

Der gefährlichste
Job der Welt:

Rentner

Den hat noch
niemand überlebt.

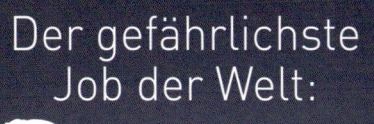

Zwei Stunden in der Sonne
frühstücken, Zeitung lesen und
Kreuzworträtsel lösen ...

Ich wäre ein guter Rentner!

Al|ter, das

Ist eingetreten,
wenn das Nickerchen
zur persönlichen Happy
Hour geworden ist.

Schlafengehen ist das Party-
machen des hohen Alters.

Ich bin wild, frei
und tiefenentspannt.
Wie ich den Zustand
dauerhaft halten kann?
Als Rentner.

Mein Doktor sagte mir,
dass drei Dinge passieren,
wenn du alt wirst. Das Erste:
Du verlierst dein Gedächtnis ...
An die anderen beiden kann
ich mich nicht mehr erinnern.

Sechs Monate Diät für
sechs Tage Bikini.
Das ist wie 50 Jahre arbeiten
für 500 Euro Rente.

Mein 60-jähriger Vater fährt
mit meiner 84-jährigen Oma
gemeinsam zum Reha-Sport.
Ob das noch als Mutter-Kind-
Turnen durchgeht?

Ich bin reich:

- Silber im Haar
- Gold in den Zähnen
- Kristalle in den Nieren
- und ein unerschöpf-
  liches Lager an Erdgas

Nimm den
Ruhestand
wie eine
ganz lange
Kaffeepause.

Ich muss mir niemanden
schön trinken,
ich setze einfach
meine Brille ab.

Wenn ich mal Alzheimer bekomme, dann
wünsche ich mir jemanden,
der mir jeden Morgen einen
Umhang umhängt und mir erzählt,
dass ich mal ein Superheld war.

Hinter jedem Rentner
steht eine Frau,
die sich sehnlichst wünscht,
dass er wieder arbeiten geht.

Was ist 10 m lang und
riecht nach Urin?
Eine Polonaise
durchs Altersheim.

Im Altersheim werden
den ganzen Tag die
„Wildecker Herzbuben" gespielt –
und ich dachte bislang,
dass aktive Sterbehilfe
verboten sei.

Oben fit und unten dicht ...
mehr wünsche ich mir
fürs Alter nicht.

ZU ALT ZUM MITNEHMEN, ZU SCHADE ZUM WEGSCHMEIßEN!

Ich liebe es, hinter Rentnern Auto
zu fahren. Man kann so viel erledigen:
Frühstücken, ein Buch schreiben,
einen Mittagsschlaf halten ...

Rente mit 67?
Das ist super,
dann könnnen uns unsere
arbeitslosen Enkelkinder
zur Arbeit bringen,
damit wir mit dem Rollator
nicht auf die Nase fallen!

Senioren:
Ich rase, damit ich nicht vergesse,
wohin ich fahren wollte.

**In jedem siebten Ei
ist Gebissreiniger mit dabei!**

Senioren
ÜBERRASCHUNG

Brief von der Rentenversicherung:
„Ihre voraussichtliche Rente ..."
Schon lang nicht mehr so herzlich
gelacht! Am besten mehr rauchen
und Alkohol trinken, sonst muss
ich das noch erleben.

Woran merkt man,
dass man älter wird?
Wenn man nur noch
eine Sportart ausüben kann:
Jagd auf die Brille.

Eben springt man noch jugendlich betrunken durch die **clubs** und plötzlich will jede Woche ein anderes Körperteil zum **Arzt**.

Die nächste Stufe
der Gesundheitsreform:
Rentner mit Prostata-Problemen
werden nicht mehr behandelt.
Rentner haben ja genug Zeit
zum Pinkeln.

Sei lieb zu deinen Kindern,
sie suchen dir später dein
Altersheim aus.

Altersheim
Anlieferung/Entsorgung

Entweder ist gerade eine
blaue Giraffe in meinen
Kühlschrank gekrochen
und singt jetzt die
Nationalhymne – oder das
waren gar keine
Blutdrucktabletten.

Ru|he|stand, der

Wenn er zu Hause
ist und sie von der
Witwenrente nur
träumen kann.

Deine wilden Jahre ...

... du nichts gegen Facebook hast, weil du keinen Schimmer hast, was das eigentlich ist.

... du feststellst, dass du am liebsten WDR 4 hörst.

... du deinen Sommerurlaub nur noch als Busreise buchst.

... deine „Frisur" nur noch aus hochge-kämmten Koteletten besteht.

... du gern eine Karaoke-Version von „Herzilein" zum Besten gibst, die du deiner Frau widmest.

... du immer noch ein Kassettendeck im Auto hast.

... du es bist, der nach der Gute-Nacht-Geschichte einschläft, nicht dein Enkel.

... sind vorbei, wenn ...

... du doppelt so lange vor dem Spiegel stehst, um nur halb so gut auszusehen.

... dein Taillen- und dein Brustmaß sich auf ähnlichem Level bewegen.

... du in der Apotheke eher Verdauungs- und Schmerzmittel als Kondome und Schwangerschaftstests kaufst.

... du unter Ausgehen am Samstagabend Late-Night-Shopping im Supermarkt verstehst.

... deine Freunde dir Anti-Falten-Creme zum Geburtstag schenken.

... du über alles schimpfen musst, was dir nicht gefällt.

... dein Partner dir keine Reizwäsche mehr zum Valentinstag schenkt, sondern Pantoffeln und eine Wärmflasche.

Du bist reif für ...

... du auf halber Treppe stehen bleibst, um zu verschnaufen und danach nicht mehr weißt, ob du nach oben oder nach unten gehen wolltest.

... du dich wunderst, warum so viele Autos auf der falschen Straßenseite fahren.

... du eine halbe Stunde damit verbringst, deine Brille zu suchen, und schließlich feststellst, dass du sie die ganze Zeit aufhattest.

... du glaubst, dass „der Herr der Ringe" der Spitzname eines besonders erfolgreichen Geräteturners ist.

... du dir die Socken hochziehen möchtest und feststellst, dass du gar keine trägst.

... du feststellst, dass du anstatt Margarine Vaseline auf den Toast geschmiert hast.

... die Rente, wenn ...

... du denkst, du hast eine Hitzewallung, obwohl nur deine Heizdecke zu wärmen beginnt.

... du deine Freundin anrufst, um sie nach ihrer Telefonnummer zu fragen.

... du dich nur dann sicher fühlst, wenn du weißt, dass ein öffentliches WC in der Nähe ist.

... du verwunderte Blicke von deinem Zahnarzt erntest, weil du dich für die Kontrolluntersuchung ausziehst.

... einer deiner Gäste feststellt, wie gut deine Spülhandschuhe doch zu deinem Abendkleid passen.

... du auf Partys immer öfter von Archäologen angesprochen wirst.

Du merkst, dass du ...

... du von der Polizei nicht wegen zu schnellen, sondern wegen zu langsamen Fahrens angehalten wirst.

... das Leben ohne Sex auszuhalten wäre, das Leben ohne Brille jedoch unmöglich ist.

... dir mehr Haare aus der Nase als auf dem Kopf wachsen.

... du überall hingefahren wirst, weil die Leute deinen Fahrstil für ein Sicherheitsrisiko halten.

... du dich dabei ertappst, wie du immer wieder dieselben Dinge erzählst.

... du keine Schuhe mehr brauchst – dir reichen deine Schlappen.

... du eine neue Sprache erlernt hast: das Brummeln und Schimpfen.

... alt wirst, wenn ...

... dein Haus für dich viel zu groß ist, dein Arzneischrank jedoch viel zu klein.

... dir die Leute sagen, dass du jung aussiehst – für dein Alter.

... die letzten widerspenstigen dunklen Haare zur grauen Seite übergelaufen sind.

... man dir getrost ein Geheimnis anvertrauen kann, weil du es ja sowieso wieder vergisst.

... das Telefon klingelt und du in die Fernbedienung oder einen anderen Gegenstand sprichst.

... dich deine Familie fragt, welche Art von Beerdigungsmusik du magst.

... schon ein Sturm nötig ist, um alle Kerzen auf deiner Geburtstagstorte auszupusten.

Sage mir, welches Sternzeichen du bist ...

 **Steinbock**
(22.12.–20.01.)

Selbst im hohen Alter verliert ein Steinbock niemals seine Beherrschung, zeigt sich stets reserviert und bewahrt die Ruhe. Auf Oma und Opa Steinbock kann man sich verlassen!

 **Wassermann**
(21.01.–19.02.)

Der Wassermann liebt auch im Alter noch die Abwechslung, bleibt gesellig und passt sich an. Ein Senior-Wassermann bleibt in der Regel reisefreudig, solange er kriechen kann.

 Fische
(20.02.–20.03.)

Der Senior-Fisch genießt es, wenn er im Kreise der Familie lebt und seine Angehörigen um ihn herum sind. Er lässt sich gern verwöhnen und möchte rund um die Uhr umsorgt und umhegt werden.

 **Widder**
(21.03.–20.04.)

Beim alten Widder trifft der Spruch „Man ist so jung, wie man sich fühlt" zu. Widder-Oma und Widder-Opa denken nicht im Traum daran, auf all die tollen Möglichkeiten zu verzichten, die ihnen das Leben noch bietet.

... und ich sage dir, wer du bist!

 **Stier**
(21.04.–20.05.)

Der alte Stier mag es gemütlich. Er steht zu seinem Alter und zu seinen Falten und hat wenig Lust darauf, sich für jünger auszugeben als er ist. Auf Botox und Antifaltencreme kann er getrost verzichten.

 **Zwillinge**
(21.05.–21.06.)

Der alte Zwilling legt es darauf an, möglichst lange aktiv zu bleiben. Herumsitzen ist nichts für ihn. Er geht mit der Zeit und braucht den Austausch und die Kommunikation mit anderen Menschen.

 **Krebs**
(22.06.–22.07.)

Für den Senior-Krebs sind Sicherheit und Geborgenheit besonders im Alter wichtig. Er möchte sich wohlfühlen und legt großen Wert auf Gemütlichkeit. Im Kreise der Familie ist er in seinem Element.

 **Löwe**
(23.07.–23.08.)

Der Löwe ist auch im Alter noch stolz. Seine Würde hat er sich bewahrt und das macht ihn unantastbar für Altersdiskriminierungen. Gern gibt der Senior-Löwe auch im fortgeschrittenen Alter noch den Ton an.

 ### Jungfrau
(24.08.–23.09.)

Die Senior-Jungfrau
kann ganz schön
pingelig sein. Chaos
mag sie überhaupt
nicht und ein ge-
pflegtes Zuhause
gehört zu ihren
Grundbedürfnissen.

 ### Waage
(24.09.–23.10.)

Wenn man irgendwo
auf einen ganz be-
sonders angenehmen
und liebenswerten
älteren Menschen
trifft, dann hat man es
sicherlich mit einer
Senior-Waage zu tun.

♏ ### Skorpion
(24.10.–22.11.)

Von seiner Eigenwil-
ligkeit büßt ein Skor-
pion auch im Alter
nichts ein. Wenn
man ihn gängeln
will, dann wird man
auf Granit beißen,
denn ein Skorpion
gibt auch im Alter
selten nach.

 ### Schütze
(23.11.–21.12.)

Langeweile ist nichts
für Senior-Schützen
und Selbständigkeit
ist auch im Alter für
sie fast ein Muss. Sie
tun sich sehr schwer
damit, ihre Freiheit
und Unabhängigkeit
aufzugeben.

Ein Rentner sitzt beim Arzt und zieht gerade sein Hemd wieder an. Der Arzt telefoniert währenddessen und sagt: *„Schatz, ich weiß, wo bald eine Wohnung frei wird ..."*

Ein Rentner schaut sich im Spiegel an, streicht sich über seine Glatze und sagt: *„Donnerwetter: Siebzig Jahre und immer noch kein einziges graues Haar."*

Woran merkt man, dass man älter wird? Wenn man ein Dinner bei Kerzenlicht nicht mehr romantisch findet, weil man die Speisekarte nicht lesen kann.

Der Sarg klappt zu, die Witwe kichert:
Der Alte war ganz gut versichert.

Unterhalten sich zwei über 90-jährige
Rentner: *„Kannst du mir erklären,*
warum du zu deiner Frau noch immer
‚Schatzi' sagst, obwohl ihr doch
schon über 60 Jahre verheiratet seid?"
„Weil ich nicht mehr weiß, wie sie
mit Vornamen heißt ..."

Wer waren die drei ersten Rentner?
Die Heiligen Drei Könige: Sie legten
die Arbeit nieder, zogen schöne
Gewänder an und gingen auf Reisen.

Der Enkel ist neugierig:
„Opa, warum hast du
eigentlich geheiratet?"
„Weißt du, in meiner Jugend
gab es keine Waschmaschinen,
keine Spülmaschinen und
keine Mikrowellenherde –
da musste einfach eine Frau her."

„Wenn ich einmal sterbe,
dann will ich friedlich im Schlaf gehen,
so wie mein Großvater – und nicht
panisch schreiend wie die übrigen
Mitfahrer in seinem Auto."

Woran merkt man,
dass man älter wird?
Wenn ein Schweißtropfen
zwei Stunden braucht,
um das Kinn zu erreichen.

Rentner Meiser bringt sein
ebenfalls nicht mehr ganz
junges Auto in die Werkstatt.
*„Ich weiß nicht, immer wenn
ich schneller als 100 fahre,
fängt es im Motor an zu klopfen“,*
erklärt er dem Mechaniker.
Brummt dieser: *„Das wird vermutlich
Ihr Schutzengel sein ...“*

Verkehrskontrolle:
*„Sind Sie verrückt geworden,
mit 80 durch die Ortschaft zu rasen?“*
Darauf die Fahrerin pikiert:
*„Das ist nur mein Hut,
Herr Wachmeister, der mich
so alt macht ...“*

Rentner Kraus humpelt nach Hause.
Fragt ein Passant mitfühlend:
„Rheuma?“
„Nein, Fußball mit den Enkeln.“

Fragt ein Rentner:

„Wie geht es deiner Frau?"
„Sehr gut, sie hat jetzt ihr
Idealgewicht erreicht."
„Wie viel denn?"
„Mit der Urne fünf Kilo."

Oma sitzt schwerhörig beim Arzt.
Arzt: *„Sie haben Thrombose."*
Oma: *„Hääää, was haben Sie gesagt?"*
Arzt: *„THROMBOOOSEE!"*
Oma: *„Ahhhh ..."*
Arzt: *„Wir müssen das operieren."*
Oma: *„Hääää, was haben Sie gesagt?"*
Arzt: *„OPEEERIEEERREN!"*
Oma: *„Ahhhh ..."*
Arzt: *„Das kostet leider viel Geld."*
Oma: *„Hääää, was haben Sie gesagt?"*
Arzt: *„VIEEL GELLD!!"*
Oma: *„Ahhhh ..."*
Daheim fragt Opa: *„Und, was meint der Doktor?"*
Sie: *„Er meinte, ich habe einen Traumbusen, wenn ich ihn fotografieren lasse, bekomme ich viel Geld!!"*

Treffen sich zwei Rentner im Park.
Sagt der eine zum anderen:
„Stehen Sie immer so früh auf?"
„Nein, nur einmal am Tag!"

Die Oma sagt zu ihrer Enkelin:
*„Ich weiß jetzt, wie der Opa nicht
mehr an seinen Fingernägeln kaut."*
„Und wie?", fragt die Enkelin.
*„Ich habe einfach seine Zähne
versteckt."*

Opa feiert seinen 70. Geburtstag.
Seine Enkelin kommt auf
ihn zugelaufen und meint:
*„Opa, ich habe eine gute und eine
schlechte Nachricht für dich.
Die Gute ist, dass zehn
Bauchtänzerinnen vor der Tür stehen!"*
Opa: *„Das ist doch eine sehr gute
Nachricht! Und die Schlechte?"*
*„Die Schlechte ist, dass sie alle aus
deiner alten Schulklasse sind."*

Eine junge Mutter unterhält sich
mit ihrer älteren Nachbarin:
*„Ich konnte die ganze Nacht vor
Zahnschmerzen nicht schlafen!"*
Nachbarin: *„Das kann mir nicht
passieren! Meine Zähne und ich
schlafen getrennt!"*

In der Studenten-WG heißt es:
„Wer ist denn der Neue am Tisch?"
In der Senioren-WG dagegen:
„Wer fehlt denn heute?"

Was ist der Unterschied
zwischen einer
Kaffeemaschine und
einer Oma? Die
Kaffeemaschine kann
man entkalken.

Die Großmutter singt ihrem
Enkel Schlaflieder vor.
Nach einer Weile sagt der Enkel:
„Oma, du kannst gerne
draußen weitersingen,
ich möchte jetzt schlafen.“

Das Hörgerät

Professionelle Hörgeräte sind teuer. Aber es gibt Alternativen, z. B. ein formschöner Trichter in der aktuellen Modefarbe – passend zu deinem Outfit ...

Die Lesebrille

Jedes Jahr eine neue Lesebrille? Das geht ins Geld. Eine Lupe tut es auch! Aber Vorsicht: Auch eine Lupe kann man verlegen ...

... Rentnergeldbeutel

Der Gehstock

Ein Regenschirm als Gehhilfe ist doppelt praktisch: zum Gehen und gegen Regen. Nachteil: Beides gleichzeitig geht nicht ...

Der Rollator

Du hast Enkel? Super! Dann kannst du dir den Rollator sparen. Einfach den Kinderwagen schieben – und deine Kinder freuen sich ...

Die Oma besucht mit
ihren Enkeln den Zoo.
„Seht mal, da sind Störche",
erklärt sie, „die bringen die Babys."
Da meint Thomas leise zu
seiner Schwester: „Meinst du,
es bringt noch was, sie aufzuklären?"

„Alte Schatulle von Liebhaber gesucht",
liest die Großmutter aus der Zeitung vor.
Nachdem sie einen Moment überlegt
hat, meint sie zu ihrer Tochter: „Ich finde
die Ausdrucksweise dieses Herrn
zwar etwas despektierlich, aber ich
werde ihm trotzdem schreiben."

145

Woran erkennt man,
dass man alt geworden ist?
Man geht in die Apotheke
und die Verkäuferin fragt,
ob sie die Kondome als
Geschenk einpacken soll.

Eine Rentnerin geht zum Arzt:
*„Herr Doktor, Sie müssen mir
das Treppensteigen wieder erlauben.
Dieses ewige Rauf und Runter
an der Dachrinne macht mich fix
und fertig."*

Die Rente kann schön sein,
wenn man herausbekommt,
wie man so viel Zeit mit so
wenig Geld verbringen kann.

Es brennt. Der Feuerwehrmann
lotst eine alte Dame zum
rettenden Fenster und sagt:
„So, jetzt heißt's Zähne
zusammenbeißen und springen!"
Dame: „Oh je, dann müssen
wir leider nochmal zurück –
meine Zähne liegen nämlich
noch auf der Kommode!"

Eine ältere Dame bestellt in einem italienischen Restaurant eine Pizza. Der Kellner fragt: *„Wir können Ihnen die Pizza auch geschnitten bringen. Möchten Sie sie in sechs oder zwölf Stück?"* Sie antwortet: *„Ich hätte gerne sechs Stück. Zwölf würde ich niemals schaffen!"*

Mutter zu ihrer Tochter: *„Schau her, jetzt hab ich schon wieder ein graues Haar gekriegt. Das kommt nur, weil du immer so frech zu mir bist."* *„Aha"*, meint die Tochter, *„wenn ich da die Oma anschaue, wie frech musst du erst gewesen sein!"*

Die kleine Sarah zur Großmutter:

*„Oma, wie kommt es,
dass du so zarte Hände hast?"*

Darauf die Großmutter:

„Weil Opa immer abspült."

Ein Rentner zum anderen:
*„Weißt du, ich möchte
in Würde alt werden."*
Darauf der andere:
„Also, ich lieber auf Mallorca ..."

Der Opa liest am Bett Märchen
vor, damit der Enkel einschläft.
Eine halbe Stunde später öffnet
die Mutter leise die Tür und fragt:
„Ist er endlich eingeschlafen?"
Antwortet der Kleine: *„Ja, endlich ..."*

Warum bekommen ältere
Menschen häufiger Fangopackungen?
Damit sie sich allmählich an
die Erde gewöhnen.

*„Ist Ihr Auto schon oft
überholt worden?"*
fragt der Werkstattmeister
die 70-jährige Autofahrerin.
*„Ja, sogar schon
von Fußgängern."*

Eine Oma steigt zu ihrem
Enkel ins Auto und meint:
*„Kannst du mir bitte den Sitz
vorstellen?"* Darauf der Enkel
verdutzt: *„Sitz, das ist meine Oma –
Oma, das ist der Sitz."*

Unterhält sich ein
älteres Ehepaar:
*„Mir ist der Hintern
eingeschlafen."*
*„Ich weiß –
ich höre ihn schnarchen."*

„Schatz, du musst zum Augenarzt."
„Schon gut, ich setze ja
schon meine Brille auf, dann
sehe ich wieder alles scharf."
„Du trägst sie bereits."

Typische Rentner-Fahrzeuge

Der Oldtimer

Bietet zwar keinen Komfort, ist aber vielseitig einsetzbar, auch zur Selbstverteidigung.

Der Sportwagen

Für die schnellere Fortbewegung. Eignet sich auch, um an der Kasse den Vordermann zu schubsen.

Die Luxuslimousine

Komfortabel und kommunikativ. Kann auch für Solofahrten genutzt werden ...

Aus dem Kleiderschrank eines Rentners:

- weißes Feinripp-Unterhemd

- kariertes Kurzarmhemd

- Hawaiihemd

- beigefarbene Mehrzweckweste

- Jogginghose

- Gürtel, der die Hose UNTER dem Bauch hält

- weiße Socken

Aus dem Kleiderschrank einer Rentnerin:

- bunt gemusterte Bluse

- T-Shirt mit Glitzeraufdruck

- T-Shirt mit Glitzeraufdruck
  und Spruch

- 7/8-Hose

- weiße Söckchen

- Stützstrümpfe

- gold- oder silberfarbene Sandalen

Die alte Dame hebt am
Bankschalter ihr ganzes
Geld ab. Nach zehn Minuten
kommt sie zurück und
zahlt alles wieder ein.
*„Warum haben Sie denn
das Geld überhaupt abgehoben?",*
will der Angestellte wissen.
*„Man wird doch wohl mal
nachzählen dürfen, ob noch
alles da ist!"*

Woran merkt man,
dass man älter wird?
Wenn die Wahrsagerin fragt,
ob sie einem aus dem
Gesicht lesen soll.

Alter Mann zu seinem Penis:
„Wir wurden zusammen geboren,
sind zusammen aufgewachsen,
haben zusammen gespielt,
sogar geheiratet.
Warum stirbst du vor mir?"

Er kommt stolz nach Hause und berichtet, dass er zum zweiten Vorsitzenden des Schützenvereins gewählt wurde. Daraufhin meint die Ehefrau: *„Da haben sie eine gute Wahl getroffen. Die Rolle kennst du ja schon von zu Hause."*

Opa regt sich auf: *„Die Jugend von heute und ihre Ballerspiele ... Früher wurden die Leute noch an der frischen Luft erschossen!"*

Es gibt Menschen, mit denen man sich einfach nicht unterhalten kann – sie jammern nicht über ihre Rente und sind nie krank.

Kommt eine Witwe ins
Juweliergeschäft:
*„Mein Mann hat mir 20 000 Euro
für einen angemessenen
Gedenkstein hinterlassen. Könnten
Sie mir wohl einige Steine in dieser
Preisklasse zeigen?"*

„Mein Opa ist 70 und joggt noch
jeden Morgen drei Kilometer."
„Toll, und was macht er am Nachmittag?"
„Da macht er sich auf den Heimweg ..."

Zwei Frauen stehen im Supermarkt
in der Schlange und unterhalten sich.
„Was macht denn dein Mann jetzt,
wo er Rentner ist?" „Er züchtet
Kaninchen!" „Hat er denn Ahnung
davon?" „Nein, aber die Kaninchen!"

*„Mit der neuen Brille werden Sie
Ihre Umgebung und Ihre Mitmenschen
wieder richtig sehen können"*,
sagt der Augenarzt zum
betagten Patienten.
Nach einer Woche bringt
dieser die Brille zurück:
„Es lohnt sich nicht ..."

„Wenn ich einmal nicht mehr bin",
sagt Hans versonnen zu seiner Frau,
„möchte ich verbrannt werden."
„Typisch", meint die, *„weggehen und
den Dreck liegen lassen."*

Trickbetrüger ausgetrickst

Ein 90-Jähriger stand an einer Bushaltestelle, als ein junger Cabriofahrer hielt. Der Fahrer sprach den älteren Herrn an und behauptete, dass dessen Tochter in Not sei und sie dringend mehrere hundert Euro benötige. Deswegen solle er einsteigen und mit ihm zur Bank fahren. Der 90-Jährige durchschaute den Trick und da er sowieso auf dem Weg zur Bank war, ließ er sich vom Trickbetrüger zur Bank fahren. Dort bedankte sich der Rentner für die Fahrt und verabschiedete sich.

In Flammen aufgegangen

Ein 70-jähriger Rentner bekam eine Tüte Gummibärchen nicht auf und versuchte, die Plastiktüte mit einem Streichholz aufzubrennen. Leider geriet dabei sein Hemd in Brand. Der Mann wurde mit Verbrennungen in eine Klinik eingeliefert.

RENTNER TELEFONIERT MIT ALKOHOL-TESTGERÄT

Ein 71-jähriger betrunkener Rentner war auf dem Fahrrad im Park unterwegs. Zwei Polizisten hielten den alten Mann an, da er in Schlangenlinie fuhr. Die Polizisten erklärten ihm, dass er betrunken kein Fahrrad fahren dürfe. Der Rentner zeigte sich starrsinnig und behauptete, er sei ja gar nicht betrunken. Als die Polizisten ihm ein Alkohol-Testgerät reichten, in das er blasen sollte, fing er an, mit dem Gerät zu telefonieren. Die Polizisten wollten ihm das Gerät wieder abnehmen, doch er entgegnete widerspenstig, sie sollten das gefälligst lassen. Er telefoniere jetzt mit seiner Frau. Am Ende brachten die Polizisten den Rentner nach Hause.

RENTNER ÜBERTÖNEN LÄRMBELÄSTIGUNG MIT IRON MAIDEN

In Stockholm fühlte sich ein Rentnerehepaar von einem pfeifenden Geräusch aus der Nachbarwohnung belästigt. Der 81-Jährige und seine 71-jährige Frau stellten direkt an die Wand zum Nachbarn zwei Stereoanlagen auf. Sie drehten die Boxen auf und ließen bis spät nachts das Lied „Afraid to shoot strangers" der Metal-Band Iron Maiden in Dauerschleife laufen. Dieser kuriose Racheakt hatte jedoch ein Nachspiel: Der Nachbar rächte sich an dem Rentnerehepaar und verklagte die beiden wegen Lärmbelästigung.

Gedankenverlorene
sucht Mann, mit dem sie jeden Tag aufs Neue tolle Sachen erleben kann.
Chiffre XXXXX

Verbissene, aber dennoch Junggebliebene
sucht Zahnarzt mit (Ge-)Biss.
Chiffre XXXXX

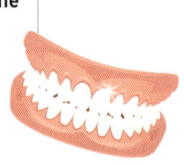

Einsamer Biker sucht Bikerin. Rollstuhlfahrer, 84 Jahre, sucht Partnerin für gemeinsame Ausfahrten im Altersheim.
Chiffre XXXXX

Junggebliebene 70erin sucht Gleichgesinnten, der es sich leisten kann, auf eigene Kosten mit mir Freizeitaktivitäten zu unternehmen.
Chiffre XXXXX

Suche einen Mann mit Niveau, Geld und Aussicht auf baldiges Ableben. Habe keine Lust mehr auf das Lügen und Betrügen der jüngeren Männer.
Chiffre XXXXX

Einen Cent Rente zurückzahlen

Ein 84-jähriger Rentner wurde aufgefordert, zu viel gezahlte Rentenbeiträge zurückzuzahlen. Es handelte sich dabei um einen Betrag von einem Cent. Diesen Betrag habe er in dem Zeitraum von 1996 bis 2000 zu viel erhalten. Die Rentenkasse ermöglichte ihm auch, den Betrag in mehreren Raten zurückzuerstatten.

Flott unterwegs

Zwei Rentnerpaare waren mit dem Auto auf der Autobahn unterwegs und fuhren nicht mehr als 71 km/h. Zwei Polizisten hielten das Auto an. Die Polizisten fragten die Herrschaften, wieso sie denn so langsam unterwegs wären. Der Fahrer antwortete, dass er doch auf der A71 sei und deshalb nur 71 km/h fahren dürfe. Die Polizisten erklärten dem Mann, dass das doch nur die Nummer der Autobahn sei und er schneller fahren dürfe. Daraufhin bemerkten die Polizisten die zwei steifsitzenden, verschreckten Ehefrauen der Männer auf der Rückbank des Autos. Die Polizisten fragten, was mit ihnen los sei. Der Fahrer antwortete, sie kämen eben von der B252 ...

CANNABISGÄRTNERIN

Ein Nachbar schenkte einer Rentnerin einen Setzling, den sie für eine Edelmimose hielt und in ihren Garten pflanzte. Jedoch handelte es sich dabei um eine Cannabispflanze. Die Pflanze war fast zwei Meter hoch, als die Polizei den Garten der Rentnerin stürmte und die Pflanze beschlagnahmte. Da die Rentnerin ihre Unwissenheit wohl glaubhaft versichern konnte, musste sie lediglich eine geringe Geldstrafe zahlen. Jedoch wusste der Nachbar ziemlich genau, um welche Pflanze es sich dabei handelte. Er hatte heimlich bei der Rentnerin Cannabis geerntet und daraus Schnaps gebrannt. Deshalb wurde er zu 14 Monaten auf Bewährung verurteilt.

REISEZIEL: TÜV

Ein 84-Jähriger wollte nur mal schnell zum TÜV fahren. Dieser kurze Ausflug dürfte jedoch dem Herren noch lange im Gedächtnis bleiben. Nach Angaben der Polizei wollte der Senior mit seinem Auto zur Hauptuntersuchung zum TÜV fahren. Allerdings konnte er den TÜV nicht finden und geriet auf eine Irrfahrt durch Bayern, Hessen und Niedersachsen. Nach 20-stündiger Autofahrt konnten ihn zwei Polizisten bei Kassel stoppen und wieder nach Hause bringen.

STREIT AN DER WURSTTHEKE
83-JÄHRIGER AUF KRAWALL GEBÜRSTET

In einer Kleinstadt im Taunus kam es neulich zu einer skurrilen Auseinandersetzung an einer Wursttheke. Ein 40-Jähriger war bei seiner Wurst- und Fleischauswahl äußerst unentschlossen und brauchte ziemlich lange für seinen Einkauf. Hinter ihm stand ein 83-Jähriger, dem es eindeutig zu lange dauerte. Der 83-Jährige verlor die Geduld und schubste den 40-Jährigen mehrmals von hinten mit dem Einkaufswagen. Als sich daraus ein handfester Streit entwickelte, schlug der 83-Jährige mit seiner Krücke auf den Kopf des 40-Jährigen. Der herbeigeeilte Filialleiter erteilte dem 83-Jährigen Hausverbot.

171

Rentner-Sehtest Nr. 1

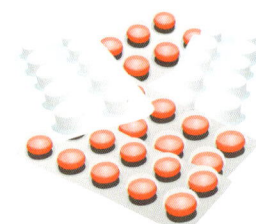

Alles so schön bunt hier ...

Wenn du in dem farbigen Kreis auf der rechten Seite nicht die richtige Zahl oder gar keine Zahl erkennen kannst, solltest du unbedingt deinen Augenarzt aufsuchen – oder die Pillen weglassen!

⚠ Achtung:
Dieser Test kann nur einen Anhaltspunkt geben. Er ist KEIN offizieller Sehtest.

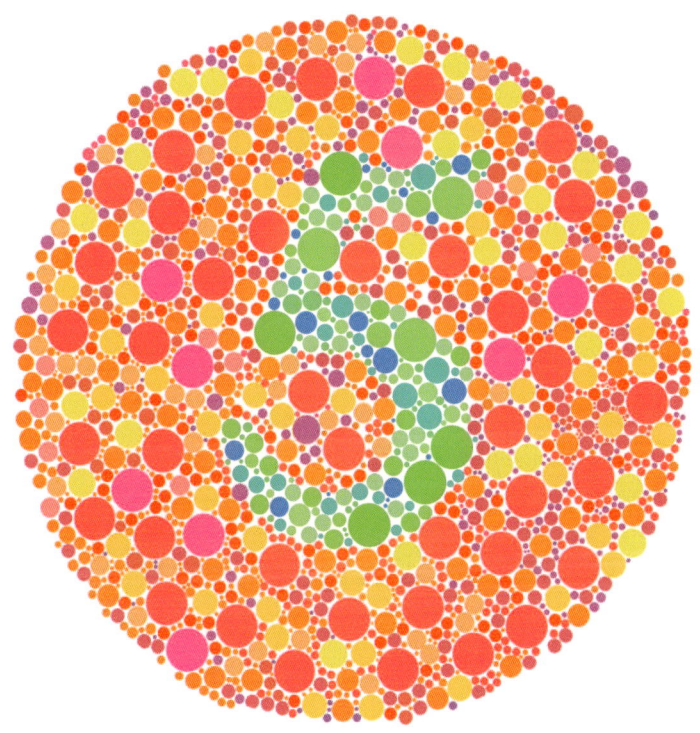

Rentner-Sehtest Nr. 2

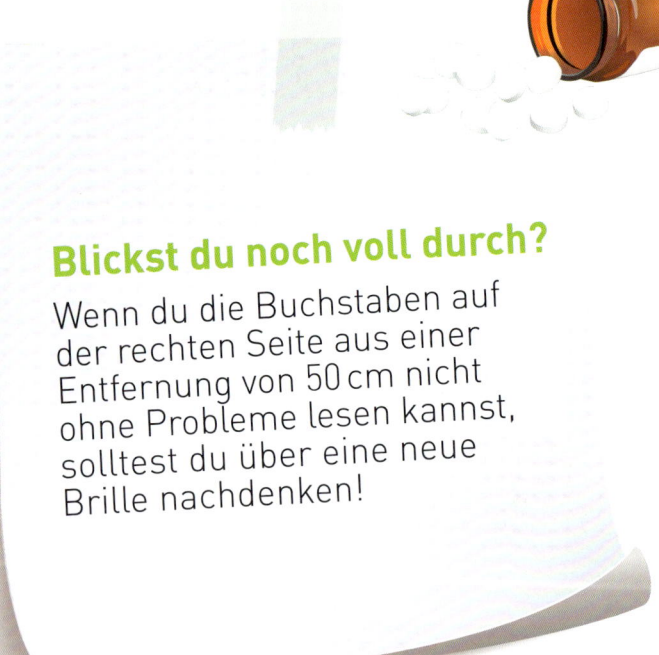

Blickst du noch voll durch?

Wenn du die Buchstaben auf
der rechten Seite aus einer
Entfernung von 50 cm nicht
ohne Probleme lesen kannst,
solltest du über eine neue
Brille nachdenken!

⚠ Achtung:
Dieser Test kann nur einen Anhaltspunkt
geben. Er ist KEIN offizieller Sehtest.

E

F P

T O Z

L P E D

P E C F D

E D F C Z P

Genehmigte Lizenzausgabe
EDITION XXL GmbH
Industriestraße 19
64407 Fränkisch-Crumbach 2023
www.edition-xxl.de

Idee & Projektleitung: Sonja Sammüller
Illustrationen: design cat GmbH
Layout, Satz und Umschlaggestaltung:
design cat GmbH

ISBN 978-3-89736-939-9

Druck und Bindung in der EU
POLYGRAF PRINT spol. s r. o.
Čapajevova 44
08001 Prešov, Slowakei
www.polygrafprint.sk